Wagner Andrade

Mente Serena
Estratégias Para
Vencer a Ansiedade

Rio de Janeiro 2024

Prefácio

Vivemos em um mundo que se move a uma velocidade vertiginosa, onde a pressão e as expectativas muitas vezes nos empurram para uma espiral de ansiedade. É como se cada dia trouxesse um novo desafio, uma nova fonte de preocupação, e muitas vezes nos sentimos sobrecarregados e perdidos. No entanto, neste cenário turbulento, a busca por uma mente serena se torna não apenas um desejo, mas uma necessidade fundamental.

"Mente Serena - Estratégias Para Vencer a Ansiedade" é mais do que um livro; é um convite a explorar as profundezas de sua própria psique e a encontrar o equilíbrio em meio ao caos. Neste guia, você descobrirá não apenas técnicas práticas, mas também insights valiosos que o ajudarão a compreender a raiz de suas ansiedades. Cada capítulo é uma oportunidade de mergulhar em reflexões que desafiam a maneira como você percebe suas emoções e experiências.

Ao longo desta obra, seremos companheiros de jornada, desbravando juntos as estratégias que permitem não apenas o controle da ansiedade, mas a construção de uma vida mais plena e consciente. Você aprenderá que a serenidade não é um estado inalcançável, mas uma habilidade que pode ser cultivada com paciência e prática.

Prepare-se para transformar sua relação com a ansiedade. A cada página, você encontrará ferramentas que o capacitarão a reescrever sua narrativa, tornando-se o autor de sua própria história. Embarque nesta jornada de autoconhecimento e empoderamento, e descubra como uma mente serena é não apenas possível, mas essencial para viver plenamente.

Seja bem-vindo a um caminho de descoberta e transformação. Sua mente merece esse cuidado.

Mente Serena – Estratégias Para Vencer a Ansiedade
Andrade, Wagner

ISBN: 978-65-01-23342-0
1ª edição, dezembro de 2024.

Capa e Editoração Eletrônica: Wagner Andrade

Sumário

Nota do autor.

Ao iniciar a leitura deste livro, você pode se deparar com pensamentos: "Isso é difícil demais" "Isso não é para mim" "Será que vai funcionar?" "Acho que não vai dar certo" ou até "Como vou fazer isso se nem tenho tempo?" Esses pensamentos não são apenas preocupações; são sinais de como sua ansiedade opera, sempre projetando cenários futuros e criando um excesso de cautela.

É importante entender que sua mente está apenas tentando protegê-lo. Ela recorre ao que conhece, ou seja, suas memórias. Mas aqui está o desafio: o cérebro, sendo um registro do passado, traz à tona experiências que acabam alimentando a ansiedade. Sem perceber, você pode se pegar revivendo situações que geraram preocupação ou desconforto, o que reforça a sensação de que o futuro será igual ao passado.

Quando isso acontece, sua mente e corpo entram em um ciclo: pensamentos ansiosos acionam emoções como insegurança e medo, que por sua vez moldam seu estado de ser. É como se você estivesse constantemente antecipando problemas e recriando emoções negativas. Mesmo quando você decide mudar, o desconhecido parece assustador. O corpo, condicionado por anos a sentir ansiedade, pode resistir, preferindo o que lhe é familiar, mesmo que isso signifique preocupação ou culpa.

Mas aqui está a boa notícia: esse ciclo pode ser quebrado. Quando você sentir esse desconforto durante a leitura, não desista. Lembre-se de que é normal sentir essa resistência, é apenas seu corpo tentando se ajustar.

Aqui vão algumas dicas para ajudá-lo:

Pause e Respire: Se sentir que a ansiedade está tomando conta, pare um momento. Respire fundo algumas vezes. Isso ajuda a trazer sua atenção para o presente e a desacelerar os pensamentos.

Reflita: Lembre-se de porque começou essa leitura. Reconecte-se com seu objetivo inicial, focando nos pequenos passos ao invés de tentar resolver tudo de uma vez.

1

O que é Ansiedade?

1. O que é Ansiedade

A ansiedade é uma resposta natural do corpo a situações de estresse, incerteza ou perigo percebido. Ela faz parte do nosso mecanismo de sobrevivência, preparando-nos para lidar com ameaças. Porém, quando essa resposta se torna excessiva, frequente ou desproporcional, pode transformar-se em um problema que afeta a qualidade de vida. Abaixo, detalho alguns tipos de ansiedade e como eles podem impactar a vida diária.

1.1 Ansiedade Generalizada

A Ansiedade Generalizada é caracterizada por uma preocupação persistente e exagerada com situações do cotidiano, como trabalho, saúde, finanças e relacionamentos. Esses pensamentos ocorrem de forma constante, mesmo quando não há motivos claros para tanta preocupação. Exemplo: Imagine uma pessoa que, todos os dias, teme perder o emprego, mesmo sendo um funcionário exemplar e sem indícios de demissão. Esse medo pode levá-la a ter dificuldades para dormir, tensão muscular e fadiga, afetando seu desempenho no trabalho e suas relações pessoais.

1.2 Transtorno do Pânico

O Transtorno do Pânico envolve ataques de pânico recorrentes e inesperados, que são episódios intensos de medo e desconforto, acompanhados de sintomas físicos como palpitações, sudorese, falta de ar e sensação de que algo muito ruim vai acontecer. Exemplo: Uma pessoa que sofre de transtorno do pânico pode estar caminhando em um parque e, de repente, sentir um ataque de pânico. Ela sente como se estivesse tendo um ataque cardíaco e precisa parar tudo o que está fazendo. Esses episódios podem ser tão assustadores que a pessoa começa a evitar sair de casa, o que afeta sua vida social e profissional.

1.3. Fobia Social (ou Ansiedade Social);

A Fobia Social é o medo intenso de situações sociais em que a pessoa pode ser julgada, criticada ou humilhada. Esse tipo de ansiedade afeta principalmente situações como falar em público, encontrar pessoas novas ou até mesmo comer em locais públicos. Exemplo: Uma pessoa com fobia social pode evitar reuniões de trabalho, mesmo que isso prejudique sua carreira, por medo de ser chamada para falar. Esse medo constante pode limitar o desenvolvimento profissional e social da pessoa, levando-a ao isolamento.

1.4. Transtorno Obsessivo Compulsivo (TOC);

O TOC é caracterizado por pensamentos intrusivos e obsessivos, que geram ansiedade, e por comportamentos repetitivos, chamados de compulsões, que a pessoa sente necessidade de realizar para aliviar o desconforto.

Exemplo:

Uma pessoa com TOC pode se preocupar excessivamente com a possibilidade de contaminação. Como resultado, ela sente a necessidade de lavar as mãos repetidamente, mesmo quando não há necessidade, o que interfere em suas atividades diárias e pode prejudicar sua pele.

1.5. Transtorno de Estresse Pós-Traumático (TEPT):

O TEPT ocorre após a exposição a eventos traumáticos, como acidentes, desastres naturais, violência ou abuso. A pessoa pode reviver o evento por meio de flashbacks, pesadelos e sentir ansiedade intensa em situações que lembram o trauma. Exemplo: Uma pessoa que sobreviveu a um acidente de carro pode evitar dirigir ou andar de carro, e sentir um medo intenso e ansiedade ao ouvir sons de frenagem. Essa evitação limita sua mobilidade e a impede de participar de atividades normais. Impacto na Vida Diária A ansiedade pode prejudicar a vida diária de várias formas:

- **Física**: Causa dores de cabeça, tensão muscular, insônia e problemas gastrointestinais.
- **Psicológica:** Gera sentimentos de medo, insegurança e incapacidade de relaxar, além de baixa autoestima.
- **Social:** Pode levar ao isolamento e dificuldades de interação social.

• **Profissional:** Afeta o desempenho no trabalho devido à falta de foco e à evasão de responsabilidades. Entender o que é a ansiedade e identificar o tipo específico é um primeiro passo essencial para buscar apoio e adotar práticas que ajudem a controlar seus efeitos, proporcionando uma vida mais tranquila e equilibrada.

2. Identificando os Gatilhos da Ansiedade

Identificar os gatilhos da ansiedade é um passo crucial para gerenciar e reduzir os sintomas associados a essa condição.
Por que identificar os gatilhos?

Autoconsciência: Ajuda a compreender o que provoca sua ansiedade, permitindo maior controle sobre suas emoções.

Prevenção: Identificar gatilhos permite evitar ou minimizar sua exposição a eles.

Planejamento: Facilita o desenvolvimento de estratégias eficazes para lidar com situações inevitáveis.

2.1 O que são Gatilhos?

Gatilhos são situações, eventos, pensamentos ou emoções que ativam uma resposta ansiosa em uma pessoa. Eles podem ser externos, como ambientes ou interações sociais, ou internos, como lembranças, preocupações ou sensações corporais. Quando uma pessoa é exposta a um gatilho, seu cérebro interpreta a situação como uma ameaça, liberando hormônios como o cortisol e a adrenalina, que causam sintomas físicos e emocionais de ansiedade.

Exemplo de gatilho externo:

Uma pessoa que já foi demitida pode sentir ansiedade intensa ao participar de uma entrevista de emprego, porque associa a situação ao medo de ser rejeitada novamente.

Exemplo de gatilho interno:

Alguém que sofre de Transtorno de Pânico pode sentir ansiedade ao perceber um leve aumento na frequência cardíaca, o que pode desencadear o medo de um ataque de pânico iminente, mesmo que não haja uma ameaça real. Por Que é Importante Reconhecê-los? Reconhecer os gatilhos da ansiedade é essencial porque permite que a pessoa antecipe situações desafiadoras e se prepare para lidar com elas de maneira mais saudável. Ao identificar padrões e causas específicas que levam à ansiedade, a pessoa pode:

• Desenvolver estratégias de enfrentamento.
• Evitar ou modificar o impacto de certos gatilhos.
• Entender que a reação ansiosa é uma resposta condicionada e, muitas vezes, desproporcional ao perigo real.

2.2 Exemplos de Gatilhos Comuns e Seus Efeitos

Estresse no trabalho ou escola:

Prazos apertados, avaliações de desempenho ou projetos importantes podem ser gatilhos comuns para a ansiedade. Muitas pessoas começam a procrastinar, temendo falhar, o que agrava ainda mais a sensação de sobrecarga. Exemplo: Um estudante que se preocupa excessivamente com suas notas pode sentir ansiedade toda vez que recebe uma tarefa nova. Essa ansiedade pode causar insônia e até dores de estômago, interferindo em seu desempenho acadêmico.

Conflitos interpessoais:

Discussões, mal-entendidos ou confrontos com amigos, familiares ou colegas de trabalho podem disparar a ansiedade, especialmente em pessoas que têm medo de rejeição ou de desapontar os outros. Exemplo: Uma pessoa com ansiedade social pode evitar confrontos, mesmo em situações que exigem assertividade. Isso pode resultar em um acúmulo de emoções reprimidas, levando a episódios de ansiedade mais intensos.

Preocupações com a saúde:

Pessoas que temem doenças ou desconfiam constantemente de problemas de saúde podem ter a ansiedade ativada por pequenos sintomas físicos. Esse tipo de gatilho é comum em indivíduos com hipocondria. Exemplo: Alguém sente uma dor de cabeça e imediatamente se preocupa que seja um sintoma de algo grave, como um tumor cerebral. Essa preocupação pode levá-la a realizar inúmeras consultas médicas desnecessárias, alimentando ainda mais sua ansiedade.

Mudanças significativas na vida:

Transições como mudanças de emprego, término de relacionamentos ou mudança de residência podem ativar a ansiedade, pois são situações de incerteza que desafiam o senso de segurança e controle. Exemplo: Uma pessoa que se muda para outra cidade pode sentir uma ansiedade persistente, temendo não se adaptar ao novo ambiente, o que pode resultar em isolamento social e dificuldade para estabelecer novas rotinas.

2.3 Benefícios de Reconhecer os Gatilhos

Antecipar e se preparar:

Saber que uma situação específica pode disparar a ansiedade permite que a pessoa adote práticas como a respiração profunda, meditação ou técnicas de relaxamento antes de enfrentar o gatilho. Exemplo: Se uma pessoa sabe que reuniões de trabalho causam ansiedade, ela pode praticar a respiração diafragmática antes da reunião, ajudando a manter a calma.

Reduzir a intensidade das reações:

Ao reconhecer que um sintoma físico ou uma situação social é apenas um gatilho e não um perigo real, a pessoa consegue controlar melhor suas reações emocionais e físicas. Exemplo: Alguém que percebe que sua aceleração cardíaca é apenas uma resposta de ansiedade pode evitar que esse sintoma evolua para um ataque de pânico completo.

Desenvolver autoconhecimento:

Identificar gatilhos promove um maior autoconhecimento. Isso permite que a pessoa compreenda melhor suas vulnerabilidades e pontos fortes, ajudando-a a cultivar uma maior resiliência emocional. Reconhecer e entender os gatilhos da ansiedade é um passo crucial para uma vida mais equilibrada. Quanto mais cedo uma pessoa identificar o que dispara sua ansiedade, mais rapidamente poderá adotar medidas para gerenciar e até evitar esses episódios, promovendo uma sensação de controle e tranquilidade em seu dia a dia.

2.4 Por Que é Importante Reconhecer os gatilhos?

Reconhecer os gatilhos da ansiedade é essencial para retomar o controle sobre nossas reações emocionais. Gatilhos são situações, pensamentos ou estímulos que ativam respostas ansiosas no corpo e na mente. Identificá-los permite antecipar e reduzir essas reações, promovendo uma sensação de controle. Por que é importante reconhecer os gatilhos da ansiedade? Quando não identificamos nossos gatilhos, a ansiedade pode surgir inesperadamente, nos deixando com uma sensação de desamparo.

Ao contrário, ao reconhecer os gatilhos, podemos agir de forma proativa, ajustando nosso ambiente ou nossas reações.
Por exemplo:
• Gatilho: Trabalho excessivo ou prazos curtos:

Se você sabe que a pressão no trabalho aumenta sua ansiedade, pode aprender a reorganizar suas tarefas, dividindo-as em etapas menores para reduzir a sobrecarga emocional.

• Gatilho: Multidões ou espaços fechados:

Se grandes multidões te causam desconforto, reconhecer isso permite que você escolha momentos mais tranquilos para fazer compras ou evite esses ambientes quando possível.

Como fazer para evitá-los? Uma vez identificados os gatilhos, existem algumas estratégias para evitá-los ou, se não for possível, minimizar seu impacto:

Planejamento e Organização:

Se prazos apertados ou desorganização são gatilhos, desenvolva um sistema de gestão de tempo eficaz. Por exemplo, divida tarefas grandes em blocos menores e reserve intervalos de descanso.

Exposição Gradual:

Em vez de evitar completamente um gatilho, você pode se expor a ele de maneira controlada e gradual, como no caso de alguém que sente ansiedade em falar em público. Comece praticando em grupos menores e vá aumentando o número de pessoas à medida que se sente mais confortável.

Técnicas de Respiração e Relaxamento:

Se situações como o trânsito te causam ansiedade, pode ser útil praticar técnicas de respiração profunda ou Mindfulness. Respirar lentamente e focar no presente ajuda a desacelerar a resposta fisiológica ao estresse.

Reestruturação Cognitiva:

Identifique e modifique pensamentos distorcidos que alimentam sua ansiedade. Se um gatilho é a crítica no trabalho, por exemplo, tente mudar a percepção de que toda crítica é um ataque pessoal, entendendo-a como uma oportunidade de crescimento. Reconhecer e evitar gatilhos não significa fugir da realidade, mas sim administrar melhor os desafios, minimizando o impacto da ansiedade e promovendo uma vida mais equilibrada e tranquila.

2.5 Diário de Ansiedade – Como utilizá-lo para registrar momentos de ansiedade e seus padrões.

Utilizar um diário de ansiedade é uma técnica poderosa para ajudar a controlar a ansiedade, pois permite uma maior conscientização dos padrões emocionais e comportamentais. Aqui está como ele pode ser utilizado:

Registro de Situações:

No final de cada dia, o leitor pode anotar as situações em que sentiu ansiedade.
Exemplo:
"Hoje, antes de uma reunião de trabalho, comecei a sentir palpitações e respiração ofegante."

Identificação de Gatilhos:

Ao revisar o diário regularmente, o leitor pode identificar padrões nos momentos que provocam ansiedade.
Exemplo:
"Percebi que fico ansioso(a) quando recebo um e-mail de um superior ou quando estou em ambientes desconhecidos."

Registro de Pensamentos e Sentimentos:

Incentive o leitor a anotar os pensamentos que passaram pela mente durante os momentos de ansiedade.
Exemplo:
"Durante o ataque de ansiedade, pensei: 'Vou fracassar', 'Todos estão me julgando'."

Análise de Reações Físicas e Comportamentais:

O diário também pode incluir como o corpo reage e como a pessoa agiu diante da ansiedade.
Exemplo:
"Meu coração disparou, tive náusea, e comecei a evitar contato visual."
Práticas de Enfrentamento:

Oriente o leitor a anotar o que fez para lidar com a ansiedade.
Exemplo:
"Tentei uma técnica de respiração profunda e saí para uma caminhada curta."

Avaliação do Progresso:

Com o tempo, o diário permite ao leitor avaliar se está conseguindo controlar melhor a ansiedade.
Exemplo:
"Percebi que estou ficando menos ansioso(a) em reuniões com colegas, já que estou praticando a respiração consciente." Esse processo promove uma maior compreensão interna, essencial para desenvolver estratégias personalizadas de controle da ansiedade.

Lidando com Sintomas Físicos e Pensamentos Intrusivos

3. Lidando Com os sintomas Físicos e Pensamentos Intrusivos

A ansiedade frequentemente se manifesta no corpo e na mente, criando uma interação entre os sintomas físicos e os pensamentos intrusivos. Para lidar com isso, é essencial entender como ambos se relacionam e desenvolver técnicas específicas para cada um.

Sintomas Físicos:

A ansiedade pode gerar uma série de respostas físicas, como taquicardia, tensão muscular, sudorese, falta de ar e desconforto gastrointestinal. Esses sintomas são causados pela ativação do sistema nervoso autônomo, especificamente pela resposta de "luta ou fuga". A chave para gerenciar esses sintomas está em regular o sistema nervoso, reestabelecendo um estado de calma.

Exemplo Prático:
• Técnica de Respiração Diafragmática:

Uma forma eficaz de acalmar o corpo é através da respiração controlada. A respiração diafragmática envolve inspirar lentamente pelo nariz, expandindo o abdômen, segurar por alguns segundos e expirar lentamente pela boca. Fazer isso por 5 a 10 minutos pode desacelerar o ritmo cardíaco e reduzir a tensão.
Exemplo:
Se você está em uma situação estressante, como antes de uma apresentação, comece a praticar essa técnica de respiração. Ao direcionar sua atenção para a respiração, você desvia o foco dos sintomas físicos e ajuda o corpo a relaxar.

• Relaxamento Muscular Progressivo:

Essa técnica envolve tensionar e relaxar grupos musculares específicos, o que ajuda a reduzir a tensão física e traz maior consciência corporal.

Exemplo:

Se você sente os ombros e o pescoço constantemente tensos, dedique alguns minutos para contrair os músculos dessas áreas por 5 segundos e depois soltá-los, repetindo o processo em todo o corpo. Isso permite que o sistema nervoso central perceba que o corpo está seguro e, consequentemente, alivie a ansiedade.

Pensamentos Intrusivos:

Pensamentos intrusivos são ideias, imagens ou preocupações que entram na mente de maneira indesejada e repetitiva. Muitas vezes, eles podem aumentar os níveis de ansiedade, já que parecem incontroláveis e causam um ciclo de ruminância mental.

Exemplo Prático:
• Técnica de Aceitação e Compromisso (ACT):

Em vez de lutar contra os pensamentos intrusivos, a ACT sugere aceitá-los como parte da experiência humana sem julgá-los. Isso implica observar os pensamentos como algo separado de você, permitindo que passem sem envolvimento emocional.

Exemplo:

Se um pensamento como "Eu não vou conseguir" invadir sua mente antes de uma reunião, reconheça o pensamento com neutralidade, dizendo a si mesmo: "Aqui está o pensamento de que eu não vou conseguir." Esse distanciamento reduz o impacto emocional do pensamento e evita que ele controle suas ações.

• Desafio Cognitivo:

Outra estratégia útil é desafiar os pensamentos intrusivos, questionando sua veracidade e proporção. A Terapia Cognitivo-Comportamental (TCC) oferece uma técnica chamada reestruturação cognitiva, na qual você examina as evidências para ir contra o pensamento negativo, buscando uma visão mais equilibrada.

Exemplo:

Se o pensamento intrusivo é "Vou fracassar", você pode listar exemplos de situações em que foi bem-sucedido em desafios semelhantes. Ao confrontar o pensamento com a realidade, você diminui sua intensidade.

Controlar os sintomas físicos e os pensamentos intrusivos requer prática e paciência, mas é possível com as técnicas corretas. A respiração controlada e o relaxamento muscular ajudam a regular o corpo, enquanto a aceitação e o desafio cognitivo trabalham para desacelerar a mente. Ao integrar essas abordagens, você estará mais bem equipado para lidar com os episódios de ansiedade de maneira eficaz e duradoura.

3.1 Compreendendo os Sintomas Físicos da Ansiedade

Os sintomas físicos da ansiedade são manifestações do sistema de resposta ao estresse, conhecido como "luta ou fuga". Quando estamos ansiosos, o corpo se prepara para enfrentar uma ameaça percebida, mesmo que essa ameaça seja apenas uma preocupação interna, como prazos de trabalho ou eventos sociais. Vamos ver exemplos de como isso ocorre:

Aceleração dos Batimentos Cardíacos

Um dos sintomas mais comuns da ansiedade é o aumento da frequência cardíaca (taquicardia). Isso ocorre porque o corpo está se preparando para uma resposta rápida, como fugir de um perigo. A adrenalina, um hormônio liberado pelas glândulas suprarrenais, faz o coração bater mais rápido para bombear mais sangue para os músculos.

Exemplo:

Imagine uma pessoa que tem que fazer uma apresentação importante no trabalho. Na noite anterior, ela pode começar a sentir o coração acelerado, mesmo deitada em sua cama. Seu corpo está reagindo como se fosse enfrentar um perigo físico, mas na realidade, a única "ameaça" é a preocupação com a apresentação.

Tensão Muscular:

A ansiedade também pode causar tensão nos músculos, principalmente nas costas, ombros e pescoço. O corpo está se preparando para o movimento, gerando essa contração muscular constante.

Exemplo:

Uma pessoa que vive em um ambiente estressante no trabalho pode desenvolver dores crônicas nas costas e no pescoço, sem perceber que isso está diretamente ligado à ansiedade. O corpo dela permanece em um estado de alerta, como se estivesse esperando um perigo iminente.

Sudorese:

Outro sintoma comum é o suor excessivo. Isso acontece porque, no estado de alerta, o corpo tenta regular a temperatura, já que está se preparando para um esforço físico intenso.

Exemplo:

Ao entrar em uma reunião social importante, alguém pode perceber as mãos suadas e sentir gotas de suor na testa. Embora não haja perigo físico real, o corpo reage como se estivesse prestes a enfrentar uma situação extrema.

Problemas Digestivos:

O sistema digestivo também sofre com a ansiedade. Muitas pessoas com ansiedade relatam náuseas, dores de estômago ou diarreia. Isso se deve à ativação do eixo cérebro-intestino, onde o cérebro envia sinais que afetam o funcionamento do sistema digestivo.

Exemplo:

Antes de uma entrevista de emprego, uma pessoa pode sentir um "nó no estômago" ou até precisar correr ao banheiro várias vezes. Essa é a forma como o corpo desvia recursos do sistema digestivo, considerando-o menos importante em momentos de "perigo".

Respiração Ofegante:

Durante episódios de ansiedade, a respiração pode se tornar rápida e superficial, o que é conhecido como hiperventilação. Isso acontece porque o corpo está tentando fornecer mais oxigênio aos músculos para se preparar para a ação.

Exemplo:

Uma pessoa com medo de voar pode sentir que está "perdendo o fôlego" ao entrar no avião. Embora não haja falta de oxigênio, o corpo responde como se estivesse prestes a enfrentar uma ameaça real, como um ataque.

3.2 Como Gerenciar Esses Sintomas:

• Técnicas de Respiração Profunda:

Focar em respirações lentas e profundas pode ajudar a reverter a hiperventilação e acalmar o sistema nervoso.

• Relaxamento Muscular Progressivo:

Técnicas que envolvem contrair e relaxar músculos ajudam a aliviar a tensão muscular.

• Mindfulness e Meditação:

Praticar estar no momento presente ajuda a interromper o ciclo de pensamentos ansiosos que disparam a resposta física ao estresse. Esses são alguns exemplos de como a ansiedade se manifesta no corpo e como pequenas técnicas podem ajudar a acalmar a resposta física ao estresse.

3.3 Técnicas de Respiração e Relaxamento

Técnicas de respiração e relaxamento são ferramentas poderosas para lidar com a ansiedade, pois ajudam a regular o sistema nervoso e diminuir a resposta ao estresse. Aqui estão algumas técnicas práticas que podem ser facilmente aplicadas no dia a dia:

Respiração Diafragmática (Abdominal):

Essa técnica envolve o uso do diafragma para respirar de forma mais profunda, o que estimula o sistema nervoso parassimpático, responsável por acalmar o corpo.

Como fazer:
• Sente-se ou deite-se confortavelmente. Coloque uma mão no peito e outra no abdômen. Inspire lenta e profundamente pelo nariz, enchendo o abdômen (a mão sobre o abdômen deve se levantar, enquanto a do peito deve permanecer quase imóvel). Expire lentamente pela boca, esvaziando o abdômen. Repita de 5 a 10 vezes, até sentir a respiração mais profunda e controlada.

Exemplo prático:
Imagine que você está em uma situação de estresse no trabalho. Ao perceber que sua respiração está curta e rápida, você para por um momento e faz a respiração diafragmática por 5 minutos. Isso ajuda a reduzir a tensão muscular e a sensação de pânico.

Respiração 4-7-8:

Desenvolvida pelo Dr. Andrew Weil, essa técnica é simples, mas eficaz para acalmar a mente e o corpo rapidamente.
Como fazer:
• Sente-se com a coluna reta. Feche os olhos e inspire pelo nariz contando até 4. Segure a respiração por 7 segundos. Expire lentamente pela boca, contando até 8. Repita por 4 ciclos.

Exemplo prático:
Se você estiver enfrentando uma crise de ansiedade, como antes de uma reunião importante, a técnica 4-7-8 pode ser usada para desacelerar o ritmo cardíaco e criar uma sensação de controle.

Relaxamento Progressivo de Jacobson:

Essa técnica de relaxamento envolve tensionar e depois relaxar grupos musculares específicos para aliviar a tensão física associada à ansiedade.
Como fazer:
• Encontre um lugar tranquilo e confortável. Comece tensionando os músculos dos pés por 5 segundos, depois relaxe completamente. Suba lentamente pelo corpo, tensionando e relaxando as pernas, abdômen, braços, ombros, até o rosto. Respire profundamente entre cada etapa.

Exemplo prático:
Após um dia estressante, essa técnica pode ser feita em casa, ajudando a liberar a tensão física acumulada. É especialmente útil para quem sente dor muscular ou dificuldade para dormir devido à ansiedade.
Técnica da Respiração Alternada (Nadi Shodhana):

Essa técnica vem da prática do yoga e ajuda a equilibrar os hemisférios cerebrais, acalmando a mente.

Como fazer:
• Sente-se confortavelmente. Feche os olhos e use o polegar direito para fechar a narina direita. Inspire profundamente pela narina esquerda. Feche a narina esquerda com o anelar e solte a direita, expirando por ela. Agora inspire pela narina direita, feche-a e expire pela esquerda. Continue alternando as narinas por 5 minutos.

Exemplo prático:
Em momentos de tensão, como antes de tomar uma decisão importante, essa técnica pode ser aplicada para trazer clareza mental e reduzir a agitação.

Respiração Caixa (Box Breathing):

Essa técnica é usada por forças militares, como os Navy SEALs, para manter a calma sob pressão.

Como fazer:
• Inspire pelo nariz contando até 4. Segure a respiração por 4 segundos. Expire pelo nariz ou boca contando até 4. Segure a respiração por mais 4 segundos. Repita o ciclo por 4 a 6 minutos.

Exemplo prático:
Se você está no trânsito, sentindo-se ansioso e impaciente, pode usar a respiração caixa para acalmar seu sistema nervoso e lidar melhor com a situação. Essas técnicas não só ajudam a controlar os sintomas imediatos da ansiedade, como também, quando praticadas regularmente, podem contribuir para uma mente e corpo mais resilientes ao estresse a longo prazo.

3.4 Como Gerenciar Pensamentos Intrusivos

Os pensamentos intrusivos são aquelas ideias, imagens ou impulsos inesperados que surgem de forma indesejada e muitas vezes causam desconforto ou ansiedade. Eles são bastante comuns e podem afetar qualquer pessoa, especialmente em momentos de estresse ou ansiedade. No entanto, é importante entender que o problema não está na existência dos pensamentos, mas na forma como reagimos a eles. A técnica de aceitação e afastamento de pensamentos oferece uma abordagem eficaz para gerenciar esses pensamentos sem ser dominado por eles. Essa técnica vem de abordagens como a Terapia de Aceitação e Compromisso (ACT) e a Terapia Cognitivo Comportamental (TCC), e envolve duas etapas principais:

Aceitação:

A primeira parte dessa técnica é a aceitação. Ao invés de tentar suprimir ou lutar contra os pensamentos intrusivos, o objetivo é reconhecê-los sem julgamentos. Aceitar que eles surgiram, sem vê-los como uma ameaça ou algo que precise ser removido, diminui a força emocional que eles exercem. Por exemplo, imagine que você tem um pensamento intrusivo como: "Eu nunca vou conseguir lidar com essa situação." Em vez de brigar contra esse pensamento ou tentar provar que ele está errado, você pode dizer para si mesmo: "Estou tendo o pensamento de que não vou conseguir lidar com essa situação." Ao adicionar a frase "Estou tendo o pensamento de…" você cria uma distância entre você e o pensamento, reconhecendo que ele é apenas uma ideia transitória e não uma verdade.

Afastamento (Desfusão cognitiva):

Depois de aceitar a presença do pensamento, o próximo passo é praticar o afastamento. A desfusão cognitiva consiste em ver o pensamento como um evento mental, sem se envolver com ele ou dar-lhe mais poder. Isso envolve observar o pensamento de maneira objetiva, sem se identificar ou reagir emocionalmente a ele. Uma técnica útil é visualizar o pensamento como uma folha flutuando em um rio. Você observa a folha passar, sem tentar segurá-la ou afundá-la. Da mesma forma, com os pensamentos intrusivos, você pode imaginá-los vindo e indo, sem agarrá-los. Por exemplo, ao ter o pensamento "Algo terrível vai acontecer", você pode se imaginar colocando esse pensamento em uma folha de papel e deixando-o flutuar rio abaixo. Isso ajuda a criar uma sensação de distância, permitindo que você se desengaje emocionalmente do conteúdo do pensamento.

Exemplos práticos:
Exercício de Rotulação:

Quando um pensamento intrusivo surge, você pode rotulá-lo como "preocupação", "medo" ou "incerteza". Isso ajuda a separar o pensamento da sua identidade, e lembra que ele é apenas um

produto da mente, não uma verdade absoluta. Exemplo: "Estou tendo o pensamento de que algo vai dar errado no meu trabalho. Esse é apenas um pensamento de preocupação."
Visualização de Pensamentos:

Como mencionado acima, imagine seus pensamentos intrusivos flutuando em uma nuvem, em uma folha no rio, ou sendo escritos na areia, onde eventualmente são levados pelas ondas. Esta prática cria uma distância saudável entre você e seus pensamentos.

Aceitação Física:

Quando um pensamento intrusivo surgir, ao invés de lutar contra ele, observe também a reação do seu corpo. Sente tensão? Respiração rápida? Respire profundamente e permita que essas sensações fluam, enquanto mantém o foco na aceitação e afastamento do pensamento. Essas técnicas ajudam a lidar com a ansiedade porque, ao mudar a forma como você responde aos pensamentos intrusivos, você enfraquece o ciclo de preocupação e evita que esses pensamentos ganhem força sobre suas emoções. Com a prática regular, você aprenderá a reduzir a influência desses pensamentos, promovendo uma mente mais tranquila e uma vida com menos ansiedade.

3.5 Mindfulness para a Ansiedade:

O Mindfulness, ou atenção plena, é uma prática baseada em manter o foco no presente, com consciência aberta e sem julgamento. Quando usado para a ansiedade, o Mindfulness ajuda a se desconectar da constante preocupação com o futuro e da obsessão com pensamentos intrusivos, permitindo que você se concentre no "agora". Ele permite que você observe seus pensamentos sem se apegar a eles, reduzindo o impacto negativo que eles podem ter.

O Conceito de Mindfulness:

Na ansiedade, nossa mente tende a ser "arrastada" para o futuro, gerando preocupações e cenários hipotéticos. Os pensamentos intrusivos ganham força quando nos deixamos levar por eles, intensificando o estresse e a sensação de descontrole. O Mindfulness ensina a reconhecer esses pensamentos e a trazê-los de volta ao momento presente, interrompendo o ciclo de preocupação e medo.

Como o Mindfulness Ajuda na Ansiedade:
Aumento da Conscientização:

O Mindfulness te encoraja a notar quando pensamentos ansiosos surgem, sem tentar mudar ou combatê-los. Isso cria uma distância entre você e esses pensamentos, tornando-os menos dominantes.

Aceitação Sem Julgamento:

Ao praticar Mindfulness, você aprende a aceitar o pensamento intrusivo sem julgamento. Em vez de reagir com medo ou tentar evitá-lo, você o reconhece e o observa. Isso reduz a reatividade emocional e impede que o pensamento se transforme em um ciclo de ruminação.

Redução do Controle Mental:

Muitas vezes, pensamentos intrusivos causam ansiedade porque sentimos que precisamos controlá-los. O Mindfulness ensina que não é necessário controlar ou eliminar pensamentos, mas apenas reconhecê-los como parte natural da mente, o que, por si só, reduz sua intensidade.

3.6 Exercícios de Mindfulness para Ansiedade:

A Respiração Consciente:

A respiração é uma âncora no presente e, quando focada de forma consciente, pode ajudar a acalmar a mente agitada. Um dos exercícios mais simples é a respiração consciente, que envolve prestar atenção à respiração sem tentar alterá-la.

Exemplo prático:

Sente-se confortavelmente e comece a observar sua respiração. Sinta o ar entrando e saindo pelas narinas, o movimento do peito e da barriga. Quando sua mente inevitavelmente vagar, talvez um pensamento intrusivo sobre algo que você teme, apareça. Simplesmente reconheça esse pensamento com curiosidade, sem julgamento, e traga gentilmente seu foco de volta à respiração. Essa prática de "ir e voltar" entre o foco na respiração e o surgimento de pensamentos intrusivos fortalece sua capacidade de lidar com a ansiedade.

Escaneamento Corporal (Body Scan):

O escaneamento corporal é uma técnica de Mindfulness em que você direciona sua atenção a diferentes partes do corpo, notando sensações físicas sem julgá-las. Isso ajuda a ancorar a mente no presente, reduzindo a ruminação e a tensão causada pela ansiedade.

Exemplo prático:

Deite-se ou sente-se em uma posição confortável. Comece focando sua atenção nos dedos dos pés, notando qualquer sensação presente (calor, frio, pressão etc.). Lentamente, mova sua atenção para cima, passando pelas pernas, quadris, abdômen, peito, ombros, braços e cabeça. Quando um pensamento intrusivo surgir (por exemplo, "E se algo der errado no trabalho amanhã?"), reconheça-o sem reagir e retorne ao escaneamento do corpo. Essa prática não só ajuda a relaxar o corpo, mas também ensina a mente a observar, sem reagir impulsivamente, ao que está acontecendo no momento.

Atenção Plena nas Atividades Cotidianas:

Uma forma acessível de incorporar Mindfulness na rotina é trazer a atenção plena para atividades diárias comuns, como comer, lavar louça ou caminhar. Isso reduz a tendência da mente a se perder em pensamentos ansiosos ou intrusivos.

Exemplo prático:

Ao lavar as mãos, preste total atenção às sensações da água tocando sua pele, o cheiro do sabão e o som da água correndo. Se sua mente se desviar para um pensamento intrusivo, como "Será que aquele e-mail importante vai causar problemas?", reconheça o pensamento e retorne gentilmente à sensação da água. Essa prática transforma atividades rotineiras em oportunidades de treinar o foco no presente, criando uma sensação de calma e controle.

Meditação Guiada de Mindfulness:

Meditações guiadas são ótimas ferramentas para quem está começando a praticar Mindfulness. Elas ajudam a treinar sua mente a focar no presente, com instruções que guiam sua atenção para a respiração, sensações físicas ou sons ao redor.

Exemplo prático:

Utilize um aplicativo ou um vídeo online de meditação guiada. Durante a prática, se notar sua mente vagando para pensamentos intrusivos, como "E se eu não conseguir terminar todas as minhas tarefas?", reconheça esse pensamento como um visitante temporário e, com suavidade, traga sua atenção de volta à voz que está guiando a meditação ou à sua respiração.

Benefícios do Mindfulness na Ansiedade:

Ao praticar essas técnicas, você começará a desenvolver maior capacidade de auto-observação e autocontrole. Quando os pensamentos intrusivos surgirem, eles não mais terão o poder de controlar suas emoções ou o seu comportamento. Com o tempo, sua reação a esses pensamentos se tornará mais neutra, e a intensidade da ansiedade diminuirá. Além disso, o Mindfulness promove um maior senso de aceitação e equilíbrio emocional, ajudando você a viver com mais tranquilidade e menos preocupação.

O Mindfulness não é sobre eliminar pensamentos ansiosos ou intrusivos, mas sim sobre reconhecê-los e desvincular-se deles. Ao focar no presente e desenvolver uma relação mais saudável com seus pensamentos, você será capaz de interromper o ciclo da ansiedade e viver de forma mais serena.

4. Desacelerando a Mente

Desacelerar a mente é essencial para o bem-estar mental, emocional e até físico, especialmente em um mundo onde somos constantemente bombardeados por informações, responsabilidades e expectativas. Aqui estão algumas razões que destacam a importância disso:

1. Reduz a Ansiedade

A mente acelerada costuma ser dominada por preocupações, antecipações e pensamentos sobre o futuro. Isso alimenta a ansiedade e nos deixa presos em um ciclo de inquietação. Ao desacelerar, você cria espaço para respirar, processar as situações com mais calma e evitar pensamentos intrusivos.

2. Melhora a Clareza Mental

Quando a mente está sobrecarregada, é difícil focar ou tomar decisões. Desacelerar ajuda a organizar os pensamentos, permitindo que você pense de maneira mais clara e objetiva, além de tomar decisões com mais confiança.

3. Promove a Conexão com o Presente

Muitas vezes, estamos tão focados no futuro ou presos no passado que esquecemos de viver o momento presente. Desacelerar permite apreciar o "agora", o que é fundamental para encontrar alegria nas pequenas coisas e construir uma sensação de plenitude.

4. Melhora a Saúde Física

Uma mente acelerada pode levar a tensão muscular, aumento da pressão arterial e problemas digestivos, além de prejudicar o sono. Desacelerar reduz os níveis de estresse e permite que o corpo funcione de forma mais equilibrada.

5. Fortalece a Resiliência Emocional

Quando você desacelera, tem mais tempo para reconhecer e processar suas emoções. Isso ajuda a lidar melhor com os desafios, evitando reações impulsivas ou baseadas no estresse.

6. Aumenta a Produtividade

Embora pareça contraditório, uma mente mais calma é mais eficiente. Quando você desacelera, consegue priorizar tarefas importantes e concentrar sua energia no que realmente importa, em vez de dispersá-la.

4.1 Como o Ritmo Mental Afeta a Ansiedade:

Desacelerar a mente é uma estratégia fundamental para lidar com a ansiedade, especialmente quando falamos da Síndrome do Pensamento Acelerado (SPA), um estado onde os pensamentos parecem descontrolados, incessantes, e muitas vezes negativos ou ansiogênicos. Essa condição, descrita pelo psiquiatra Augusto Cury, está fortemente ligada ao estilo de vida moderno, marcado por sobrecarga de informações e pressão por resultados rápidos.

A SPA ocorre quando o cérebro entra em um estado de hiperatividade mental, com múltiplos pensamentos surgindo rapidamente. Isso sobrecarrega o córtex pré-frontal, a área do cérebro responsável pelo planejamento e controle de ações. O resultado é uma sensação constante de cansaço, ansiedade elevada, dificuldades de concentração, e problemas de sono.

Exemplo Prático:

Imagine uma pessoa que, ao longo do dia, se expõe a um fluxo constante de notícias, redes sociais, mensagens de trabalho e conversas pessoais. Ao deitar-se à noite, sua mente continua em alta rotação, revisando eventos passados, planejando o futuro, e se preocupando com possíveis problemas. Esse cenário de pensamentos repetitivos e acelerados cria um ciclo de ansiedade e exaustão mental, que piora com o tempo.

4.2 Como Desacelerar a Mente

1. Exercícios de Respiração Profunda:

A respiração consciente ativa o sistema nervoso parassimpático, responsável por relaxar o corpo e reduzir a resposta de "luta ou fuga" associada à ansiedade. Uma técnica simples é a respiração 4-7-8: Inspire pelo nariz contando até 4. Segure a respiração por 7 segundos. Expire lentamente pela boca contando até 8.

Exemplo de Aplicação:

Antes de dormir ou em momentos de ansiedade intensa, essa técnica pode ser usada para desacelerar a frequência cardíaca e diminuir a aceleração dos pensamentos.

2. Meditação e Atenção Plena (Mindfulness):

A prática da meditação ajuda a treinar a mente a focar no presente, reduzindo o fluxo excessivo de pensamentos. Ao focar na respiração ou em sensações corporais, a pessoa consegue quebrar o ciclo de pensamentos automáticos e repetitivos.

Exemplo de Aplicação:

Ao perceber que está se perdendo em pensamentos rápidos e desconexos, a pessoa pode fazer uma pausa e focar na sensação do ar entrando e saindo dos pulmões. Com o tempo, essa prática ajuda a criar mais espaço entre os pensamentos e aumenta a sensação de calma.

3. Técnica de Escrita ou Diário da Mente:

Colocar os pensamentos no papel é uma maneira de desacelerar o fluxo mental. Ao organizar ideias e preocupações por escrito, a pessoa consegue externalizar o que está sobrecarregando sua mente.

Exemplo de Aplicação:

Durante um período de ansiedade, dedicar 5 a 10 minutos para escrever os pensamentos pode ajudar a "esvaziar" a mente. A prática regular à noite também pode melhorar o sono, pois reduz a atividade mental antes de dormir.

4. Redução de Estímulos e Detox Digital:

Diminuir a exposição a redes sociais, notícias e dispositivos eletrônicos, especialmente antes de dormir, é crucial. O excesso de informações pode sobrecarregar o sistema cognitivo, contribuindo para acelerar os pensamentos.

Exemplo de Aplicação:

A pessoa pode criar uma rotina de "desaceleração" antes de dormir, desligando dispositivos uma hora antes e dedicando esse tempo a atividades mais relaxantes, como leitura ou meditação. A desaceleração mental é, portanto, uma prática ativa e consciente. Ao aplicar essas estratégias, o ritmo mental diminui, e os sintomas de ansiedade podem ser significativamente reduzidos, resultando em uma mente mais tranquila e focada.

4.3 Técnicas de Desaceleração

As técnicas de desaceleração são ferramentas fundamentais para lidar com a ansiedade, ajudando a acalmar a mente e a reduzir o ritmo acelerado dos pensamentos. Aqui estão exemplos de duas técnicas eficazes: exercícios de atenção plena e pausas estratégicas.

Exercícios de Atenção Plena (Mindfulness):

A atenção plena, ou Mindfulness, envolve concentrar-se no momento presente, sem julgamentos. Esse foco ajuda a reduzir a ansiedade, que muitas vezes surge de preocupações com o futuro ou ruminância sobre o passado. Um exemplo eficaz é a meditação guiada.

Exemplo:
Meditação Guiada de Respiração:

• **Passo 1:** Encontre um lugar calmo e sente-se confortavelmente. Feche os olhos e comece a prestar atenção em sua respiração.

• **Passo 2:** Respire profundamente pelo nariz, sinta o ar entrando, encha os pulmões e depois expire lentamente pela boca. A ideia é focar toda a sua atenção no ritmo da respiração.

• **Passo 3:** Sempre que sua mente começar a divagar, traga sua atenção de volta à respiração, sem se frustrar. Essa prática, por 5 a 10 minutos diários, pode reduzir significativamente a ansiedade, pois ensina a mente a desacelerar e focar no presente, em vez de se perder em preocupações.

Pausas Estratégicas ao Longo do Dia:

A ansiedade muitas vezes se acumula ao longo do dia devido à sobrecarga de atividades. Implementar pausas estratégicas reduz esse acúmulo e proporciona momentos de descanso mental. Exemplo: Técnica de Pomodoro com Pausas Conscientes

• **Passo 1:** Divida seu trabalho em blocos de 25 minutos, seguidos de uma pausa de 5 minutos.

• **Passo 2:** Durante as pausas, levante-se da cadeira, faça alongamentos suaves e respire profundamente. Use esses minutos para se desconectar das tarefas e focar em algo relaxante, como observar o ambiente ao seu redor ou sentir o seu corpo.

• **Passo 3:** A cada quatro blocos, faça uma pausa maior, de 15 a 30 minutos, onde você pode praticar uma breve meditação ou caminhar ao ar livre. Essas pausas, além de ajudar a desacelerar a mente, são preventivas, impedindo que a ansiedade se intensifique ao longo do dia. A mente se renova em pequenas pausas, melhorando a capacidade de foco e controle emocional. Com essas duas técnicas, os leitores podem começar a desacelerar a mente e encontrar uma rotina mais tranquila.

4.4 Desenvolvendo um Ritual Noturno Calmante

Desenvolver um ritual noturno calmante é uma excelente estratégia para desacelerar a mente e preparar o corpo para o sono, essencial para quem enfrenta ansiedade. A repetição desses hábitos envia sinais ao cérebro, indicando que é hora de relaxar e descansar, o que pode diminuir a frequência de pensamentos intrusivos e reduzir os níveis de cortisol, o hormônio do estresse. Aqui estão algumas sugestões para criar esse ritual noturno:

Desconectar-se de dispositivos eletrônicos:

A luz azul emitida por telas (celulares, computadores, TVs) inibe a produção de melatonina, o hormônio que regula o sono. Sugestão: Desligue todos os dispositivos pelo menos uma hora antes de dormir. Em vez disso, opte por atividades relaxantes como ler um livro físico ou ouvir música suave.
Exemplo:
João, que costumava rolar nas redes sociais antes de dormir, implementou esse hábito e notou que sua mente ficava menos agitada, o que melhorou a qualidade do seu sono.

Praticar exercícios de respiração:

Técnicas de respiração controlada ajudam a ativar o sistema nervoso parassimpático, responsável pela resposta de relaxamento. Uma prática comum é a respiração 4-7-8: inspire pelo nariz contando até 4, segure o ar por 7 segundos e expire lentamente pela boca por 8 segundos.
Exemplo:
Maria, que sofria com insônia relacionada à ansiedade, começou a usar essa técnica antes de dormir e notou que sua mente ficava mais tranquila em poucos minutos.

Criar um ambiente acolhedor:

O ambiente em que dormimos deve ser propício ao relaxamento. Mantenha o quarto escuro, silencioso e com uma temperatura agradável. Aromaterapia também pode ser eficaz; usar óleos essenciais como lavanda ou camomila ajuda a relaxar.

Exemplo:
Rafael começou a usar um difusor com óleo de lavanda no quarto e, junto com uma manta confortável, percebeu uma queda significativa em sua ansiedade noturna.

Estabelecer uma rotina de meditação guiada ou Mindfulness:

Meditação noturna ajuda a reduzir a sobrecarga de pensamentos, principalmente quando feita regularmente. Uma técnica simples é o Mindfulness, onde você foca sua atenção no momento presente, sem julgamentos, e observa sua respiração e os sons ao redor.

Exemplo:

Clara, ao adotar uma meditação guiada de 10 minutos todas as noites, relatou que isso a ajudou a controlar os pensamentos ansiosos e a ter um sono mais profundo.

Diário de Gratidão:

Escrever pensamentos positivos ou coisas pelas quais você é grato pode desviar o foco da mente de preocupações e estresse. O hábito de escrever três coisas pelas quais você se sente grato ajuda a diminuir a sensação de sobrecarga emocional.

Exemplo:

Marcos, que sentia que a mente "corria" antes de dormir, passou a escrever em um diário toda noite. Ele notou que esse simples hábito reduziu sua ansiedade e trouxe uma sensação de calma antes de dormir.

Tomar um banho morno:

A prática de tomar um banho morno antes de dormir pode reduzir a tensão muscular e relaxar o corpo. A queda da temperatura corporal após o banho sinaliza ao cérebro que é hora de descansar.

Exemplo:

Ana, que sofria de ansiedade, começou a tomar banhos quentes à noite. Ela relatou que essa prática ajudou a aliviar tensões físicas e a desacelerar a mente. Esses exemplos práticos mostram como rituais noturnos podem ajudar a controlar a ansiedade e melhorar a qualidade do sono. A chave está na consistência: quanto mais você praticar, mais o cérebro associará essas ações ao relaxamento.

5

Exercícios e Ferramentas Práticas
para o Controle da Ansiedade

5. Exercícios e Ferramentas Práticas Para o Controle da Ansiedade

Aqui estão alguns exercícios e ferramentas práticas para ajudar a controlar a ansiedade, baseados em neuropsicologia, neurociência e psicanálise:

Respiração Diafragmática:

A respiração diafragmática (ou respiração profunda) é uma técnica simples que ativa o sistema nervoso parassimpático, responsável por trazer o corpo de volta ao estado de calma.
Exemplo:
Quando sentir a ansiedade aumentando, sente-se ou deite-se em uma posição confortável. Coloque uma mão no peito e a outra no abdômen. Inspire lentamente pelo nariz, sentindo o abdômen expandir (não o peito). Segure o ar por alguns segundos e expire lentamente pela boca. Repetir por 5 a 10 minutos ajuda a reduzir a resposta ao estresse.

Técnica de Grounding (Aterramento):

O grounding ajuda a trazer a mente de volta ao presente, reduzindo os efeitos da ansiedade, que frequentemente surge quando estamos focados no futuro ou em pensamentos catastróficos.
Exemplo: Use a técnica dos 5-4-3-2-1.
Encontre:
• 5 coisas que você pode ver,
• 4 coisas que você pode tocar,
• 3 coisas que você pode ouvir,
• 2 coisas que você pode cheirar,

• 1 coisa que você pode saborear.

Essa prática "aterra" a mente, tirando o foco de pensamentos ansiosos.

Exposição Gradual:

Na psicanálise e na neurociência, a exposição gradual é uma técnica eficaz para lidar com fobias e ansiedades. Expor-se lentamente a situações que causam ansiedade ensina ao cérebro que a ameaça percebida não é real. Exemplo: Se uma pessoa tem ansiedade social, ela pode começar a se expor a pequenas interações, como cumprimentar o caixa do mercado. Gradualmente, ela avança para desafios maiores, como participar de eventos sociais. Isso ajuda o cérebro a recalibrar suas respostas de medo.

Reestruturação Cognitiva:

Essa técnica da psicologia cognitivo-comportamental (usada também na psicanálise) visa identificar e alterar pensamentos automáticos e distorções cognitivas que alimentam a ansiedade. **Exemplo**:

Se uma pessoa tem o pensamento "Eu sempre falho nas apresentações", pode substituir por "Já tive sucesso em algumas apresentações, e posso melhorar com prática". Anotar esses pensamentos automáticos e contrapor com evidências racionais ajuda a reprogramar a mente.

Exercício de Coerência Cardíaca:

Baseado em neurociência, esse exercício equilibra os ritmos cardíacos e cerebrais, promovendo uma sensação de calma e foco.

Exemplo:

Inale por 5 segundos e exale por 5 segundos, mantendo esse ritmo por 5 minutos. Isso estabiliza os ritmos cardíaco e respiratório, ajudando a reduzir o estresse e a ansiedade.

Técnicas de Atenção Plena:

(Mindfulness) Mindfulness treina o cérebro a focar no presente, diminuindo os pensamentos ansiosos sobre o futuro. Essa prática regular ajuda a reduzir a atividade da amígdala, a parte do cérebro ligada ao medo.

Exemplo:

Sente-se confortavelmente e observe sua respiração sem tentar alterá-la. Note as sensações físicas e os pensamentos que surgem, mas sem se apegar a eles. Praticar Mindfulness por 10 a 15 minutos por dia pode reduzir a ansiedade ao longo do tempo.

Movimento Corporal e Exercícios Físicos:

O exercício físico regular libera neurotransmissores como a endorfina e a serotonina, que são conhecidos por melhorar o humor e reduzir a ansiedade.

Exemplo:

Caminhar ao ar livre, praticar ioga ou fazer exercícios de alongamento por 20 a 30 minutos diários ajudam a liberar a tensão acumulada no corpo e a aliviar a mente.

Journaling Terapêutico:

Escrever sobre suas preocupações e emoções é uma ferramenta poderosa para compreender e gerenciar a ansiedade. Do ponto de vista neuropsicológico, essa prática ajuda a ativar o córtex pré-frontal, que regula as emoções.

Exemplo:

Todos os dias, reserve alguns minutos para escrever sobre os eventos do dia que desencadearam a ansiedade. Tente identificar padrões de pensamentos e reações. A escrita ajuda a processar as emoções e a encontrar soluções. Essas técnicas, quando praticadas consistentemente, ajudam a fortalecer os mecanismos de regulação emocional no cérebro, promovendo uma resposta mais saudável à ansiedade.

5.1 Exercícios de grounding (ou "aterramento"):

Exercícios de grounding (ou "aterramento") são técnicas poderosas para trazer a atenção de volta ao momento presente, particularmente úteis para quem lida com ansiedade. Essas práticas ajudam a interromper ciclos de pensamentos ansiosos, reconectando a mente ao corpo e ao ambiente físico. A seguir, explico algumas dessas técnicas e como utilizá-las de maneira prática.

Técnica dos 5 Sentidos:

Este exercício é uma maneira simples, mas eficaz, de ancorar sua atenção no presente ao focar nos cinco sentidos. Ele ajuda a desviar a mente dos pensamentos ansiosos e a reconectá-la ao ambiente ao redor.

Exemplo de prática:
• Observe 5 coisas que você pode ver (o céu, uma planta, a mesa à sua frente);
• Identifique 4 coisas que você pode tocar (sua roupa, o chão, a cadeira);
• Note 3 coisas que você pode ouvir (o som do vento, pessoas conversando, um carro passando);
• Reconheça 2 coisas que você pode cheirar (ar fresco, perfume);
• Perceba 1 coisa que você pode saborear (gosto na boca ou até uma bala que você pode colocar). Essa técnica é excelente para reduzir crises de ansiedade, pois ao focar nos sentidos, sua mente é forçada a desacelerar e a se concentrar no agora.

Respiração Consciente:

A respiração é uma ferramenta fundamental no grounding. Ao focar conscientemente na sua respiração, você pode ativar o sistema nervoso parassimpático, que é responsável por relaxar o corpo e reduzir a resposta ao estresse.

Exemplo de prática:
• Sente-se em uma posição confortável.
• Inspire profundamente pelo nariz contando até 4, segure a respiração por 4 segundos, e expire pela boca contando até 6.
• Repita por alguns minutos, trazendo sua atenção apenas para o fluxo de ar entrando e saindo dos pulmões. Ao contar os segundos e focar na respiração, a mente se desvia da ansiedade e volta ao presente. Esse exercício é útil para interromper ataques de pânico ou momentos de estresse elevado.

Escaneamento Corporal:

O escaneamento corporal é uma prática de Mindfulness que envolve direcionar a atenção para diferentes partes do corpo, observando sensações físicas, sem julgamento.

Exemplo de prática:
• Deite-se ou sente-se confortavelmente.
• Comece focando nos seus pés. Sinta como eles tocam o chão ou a superfície onde estão apoiados.
• Gradualmente, suba sua atenção pelas pernas, quadris, abdômen, peito, braços, mãos, ombros, até chegar à cabeça.
• Observe qualquer tensão ou desconforto, mas sem tentar mudar ou julgar essas sensações. Essa técnica ajuda a reconectar a mente com o corpo, sendo útil em momentos de inquietação. Ao fazer isso, você desvia o foco dos pensamentos ansiosos.

Ancoragem Física:

A técnica de ancoragem física envolve a utilização de objetos ou movimentos para "ancorar" sua atenção no momento presente.

Exemplo de prática:
• Segure um objeto familiar, como uma pedra lisa, uma caneta ou um anel.
• Concentre-se em como ele se sente nas suas mãos: a textura, o peso, a temperatura.
• Enquanto faz isso, continue respirando profundamente e mantenha sua mente focada na sensação física do objeto. Esse exercício é útil para pessoas que ficam fisicamente inquietas durante momentos de ansiedade, ajudando a trazer um foco imediato ao presente.

Nomear o que Você Está Sentindo:

Esse exercício envolve reconhecer conscientemente os sentimentos ou pensamentos ansiosos, dando-lhes um nome. Isso ajuda a criar uma distância entre você e a emoção.

Exemplo de prática:
• Quando você sentir a ansiedade aumentar, pergunte a si mesmo: "O que estou sentindo agora?"
• Responda: "Estou me sentindo ansioso" ou "Estou me sentindo sobrecarregado."
• Em seguida, diga a si mesmo: "Está tudo bem sentir isso, e eu posso passar por isso." Ao nomear os sentimentos, você

reconhece sua existência sem ser dominado por eles, permitindo que a mente se distancie das emoções intensas. Esses exercícios de grounding são ferramentas práticas para acalmar a mente ansiosa e podem ser feitos em qualquer lugar. A chave está em praticá-los regularmente para torná-los uma resposta automática frente à ansiedade.

5.2 Práticas de Autoafirmações Positivas

As autoafirmações positivas são declarações que reforçam crenças construtivas e ajudam a reprogramar a mente, alterando o padrão de pensamentos automáticos negativos que contribuem para a ansiedade. Elas podem ser uma ferramenta poderosa, pois atuam sobre o sistema nervoso, a estrutura cerebral e as emoções.

Como construir autoafirmações positivas:
Seja específico e use a primeira pessoa:

Afirmações devem ser direcionadas para você mesmo, com frases que reforçam o controle e a segurança.
Exemplo:
"Eu sou capaz de lidar com qualquer desafio que surgir."

Se concentre no presente:

Afirmações no presente ajudam a mente a assimilar essas ideias como parte da sua realidade atual.
Exemplo:
"Eu estou em paz no momento presente."

Use uma linguagem positiva:

Evite frases com palavras negativas. Em vez de "Eu não vou ficar ansioso", diga: "Eu estou no controle das minhas emoções."

Faça conexões com seus valores:

Afirmações que ressoam com seus valores internos têm mais força.
Exemplo:
Se você valoriza a calma, diga: "Eu sou uma pessoa serena e equilibrada."

5.3 Como utilizar afirmações para reduzir a ansiedade

Prática diária:

Escolha um momento do dia, como ao acordar ou antes de dormir, para repetir suas autoafirmações.

Exemplo:

Diante do espelho, você pode repetir: "Eu confio em mim mesmo para enfrentar meus medos."

Incorporar na rotina de Mindfulness:

Durante uma meditação, enquanto você inspira e expira profundamente, repita suas afirmações internamente. Isso não apenas fortalece o impacto emocional, mas também acalma o sistema nervoso.

Exemplo:

Enquanto medita, diga: "Eu sou resiliente, cada respiração me traz mais tranquilidade."

Combinar com visualizações:

Além de repetir as afirmações, visualize situações que normalmente causariam ansiedade, mas imagine-se respondendo de maneira calma e controlada.

Exemplo:

Antes de uma reunião de trabalho, visualize-se falando com confiança e diga: "Eu sou capaz de comunicar minhas ideias com clareza e confiança."

Usar em momentos de crise:

Quando perceber os primeiros sinais de ansiedade, pare e repita as afirmações para interromper o ciclo de pensamentos ansiosos.

Exemplo:

Se sentir o coração acelerado, diga: "Eu estou seguro, meu corpo está respondendo e logo se acalmará." As autoafirmações positivas atuam no nível neuropsicológico ao fortalecer as redes neurais associadas à segurança e autocontrole, e ao enfraquecer aquelas ligadas ao medo e à ansiedade. Com a prática regular, o cérebro começa a automatizar essas respostas, tornando-as cada vez mais naturais e eficazes.

5.4 Ferramentas de planejamento e organização

Ferramentas de planejamento e organização podem ser extremamente eficazes para reduzir o estresse diário, especialmente para pessoas que sofrem de ansiedade. A falta de estrutura ou o excesso de compromissos pode aumentar a sensação de sobrecarga, o que alimenta a ansiedade.

A seguir, vou detalhar duas ferramentas simples, mas poderosas: listas de tarefas e cronogramas.

Listas de Tarefas:

Criar uma lista de tarefas é uma técnica prática que ajuda a visualizar o que precisa ser feito. Isso permite priorizar atividades e aliviar a sensação de desorganização. Pessoas ansiosas tendem a tentar "abraçar o mundo" de uma só vez, o que intensifica a ansiedade. A lista de tarefas ajuda a segmentar esses desafios.

Exemplo:

Imagine que você tenha um projeto importante para entregar no trabalho, mas também precise cuidar de outras demandas pessoais, como pagar contas e fazer compras. Sem organização, sua mente fica sobrecarregada. Então, você escreve uma lista simples:

1. Revisar o relatório do projeto (prioridade alta);
2. Enviar e-mails de acompanhamento (prioridade média);
3. Pagar as contas online (prioridade média);
4. Fazer compras de supermercado (prioridade baixa);

Ao finalizar cada tarefa, você vai riscando da lista, o que gera uma sensação de progresso e alívio. Além disso, ter uma visão clara do que realmente é necessário fazer ajuda a gerenciar o tempo e perceber que não é impossível realizar tudo.

Cronogramas:

O uso de um cronograma vai além das listas de tarefas. Ele ajuda a distribuir as atividades ao longo do dia ou da semana, permitindo que você veja quanto tempo está dedicando a cada tarefa. Isso evita a procrastinação e o acúmulo de atividades que causam estresse.

Exemplo:

Imagine que você tem um dia com várias tarefas importantes, além de uma consulta médica à tarde. Um cronograma estruturado ajudaria a organizar melhor seu tempo:
• 8h - 9h: Responder e-mails de trabalho
• 9h - 11h: Trabalhar no projeto (parte 1)
• 11h - 12h: Intervalo / almoço
• 12h - 14h: Trabalhar no projeto (parte 2)
• 14h30 - 15h30: Consulta médica
• 16h - 17h: Revisar o progresso do projeto e planejar o próximo dia;

Ao planejar dessa forma, você cria espaços definidos para trabalhar, descansar e cuidar de outras responsabilidades. Isso reduz a probabilidade de sentir que tudo está "atropelando" seu tempo e ajuda a manter o foco, sabendo que cada atividade tem seu momento.

Benefícios Psicológicos
• Previsibilidade:

Listas e cronogramas reduzem a incerteza, um grande gatilho de ansiedade, pois trazem clareza sobre o que precisa ser feito.

• Controle Perceptível:

Ver suas tarefas organizadas dá a sensação de controle, o que pode acalmar a mente ansiosa que frequentemente sente que está fora de controle.

• Gerenciamento de Tempo:

Com a organização das tarefas, o tempo é mais bem utilizado, evitando a pressão de fazer tudo de última hora, que é um grande gerador de ansiedade. Estas ferramentas são simples, mas ao integrá-las no cotidiano, ajudam a diminuir a sobrecarga mental e promovem uma sensação de tranquilidade e controle, permitindo que você lide melhor com a ansiedade.

5.5 Dicas de Atividades Físicas

Atividades físicas têm um impacto profundo na redução da ansiedade, pois afetam diretamente a química do cérebro, estimulando a liberação de neurotransmissores que promovem sensação de bem-estar. Vou explicar algumas atividades que podem ser inseridas na rotina de quem sofre de ansiedade, destacando seus benefícios:

Exercícios Aeróbicos

(Caminhada, Corrida, Ciclismo) Estudos mostram que atividades aeróbicas ajudam a liberar endorfina, um neurotransmissor que age como um analgésico natural, melhorando o humor. Além disso, a prática de exercícios aeróbicos aumenta os níveis de serotonina, que regula o humor e a ansiedade.

Exemplo prático:

Fazer caminhadas ao ar livre por 30 minutos, três a quatro vezes por semana, pode proporcionar uma sensação de calma e controle. O ambiente natural ajuda a reduzir os pensamentos negativos e a mente excessivamente ativa.

Yoga:

O yoga combina posturas físicas (asanas) com respiração controlada e meditação, promovendo relaxamento físico e mental. Ele equilibra o sistema nervoso, diminuindo os níveis de cortisol (o hormônio do estresse) e acalmando o sistema de resposta ao estresse.

Exemplo prático:

Uma prática diária de 20 minutos de yoga, focando na respiração lenta e profunda, pode reduzir significativamente sintomas de ansiedade e proporcionar maior clareza mental.

Treinamento de Força (Musculação):

Embora seja mais conhecido por seus benefícios para o corpo, a musculação também tem um efeito positivo na saúde mental. A sensação de controle ao levantar pesos, junto com o aumento da autoestima proporcionado pelo progresso físico, ajuda a reduzir a sensação de impotência associada à ansiedade.

Exemplo prático:

Sessões de 45 minutos de treinamento de força três vezes por semana, focando em exercícios básicos (agachamento, levantamento terra, supino), podem aumentar a sensação de autocontrole.

Exercícios de Respiração (Pranayama, Técnicas de Respiração Profunda):

Exercícios de respiração são uma forma imediata de reduzir a ansiedade, ativando o sistema nervoso parassimpático, que é responsável pelo relaxamento. Técnicas de respiração como a respiração diafragmática desaceleram a mente e ajudam a controlar sintomas físicos da ansiedade, como respiração curta e batimento cardíaco acelerado.

Exemplo prático:

A prática de "respiração 4-7-8" (inspirar por 4 segundos, segurar a respiração por 7 segundos, expirar por 8 segundos) três vezes ao dia pode ajudar a acalmar rapidamente o corpo durante momentos de ansiedade.

Dança:

A dança é uma forma de exercício que também envolve expressão emocional. Ao movimentar o corpo ao som da música, as pessoas liberam tensões internas, o que pode ser altamente eficaz no combate à ansiedade. Além disso, a dança promove uma sensação de comunidade e pertencimento quando feita em grupo.

Exemplo prático:

Dançar por 15 a 30 minutos ao som de músicas favoritas pode ser uma maneira leve e divertida de se desconectar dos pensamentos ansiosos. Essas práticas físicas não apenas aliviam os sintomas de ansiedade, mas também podem ajudar a desenvolver maior resiliência emocional a longo prazo.

6. Considerações Finais

Para desenvolver uma rotina personalizada de controle da ansiedade, é importante que você explore diferentes técnicas e descubra o que funciona melhor para si. Aqui estão algumas dicas para incentivar esse processo:

Experimente Diferentes Técnicas:

Não há uma abordagem única que funcione para todos. Você pode experimentar técnicas como a respiração diafragmática, meditação Mindfulness, exercícios físicos e relaxamento muscular progressivo. Se encoraje a testar uma técnica por vez e observe como seu corpo e mente respondem.

Registre os Resultados:

Sugerir o uso de um diário pode ser útil para que você anote como se sentiu após praticar uma técnica. Isso pode ajudá-lo a identificar quais estratégias têm maior impacto no alívio dos sintomas de ansiedade e quais precisam de ajustes.

Desenvolva Pequenas Rotinas:

Crie pequenas rotinas diárias, como começar o dia com uma sessão curta de meditação ou incorporar exercícios de respiração durante pausas no trabalho. Pequenos passos diários podem levar a grandes melhorias com o tempo.

Respeite o Tempo de Adaptação:

É importante lembrar que o controle da ansiedade é um processo gradual. Você deve ter paciência consigo mesmo enquanto experimenta diferentes abordagens, e permitir tempo suficiente para ver os efeitos de cada técnica.

Combine Técnicas Complementares:

Algumas técnicas podem funcionar melhor quando combinadas. Por exemplo, exercícios físicos podem ser seguidos por uma prática de meditação ou visualização positiva. Se incentive a ser criativo e testar diferentes combinações.

Priorize o que Traz Alívio Imediato:

Tenha uma lista de técnicas que proporcionam alívio rápido pode ser útil para momentos de crise. Ele pode recorrer a exercícios respiratórios rápidos, ouvir uma música relaxante ou fazer uma breve caminhada.

Adapte ao Estilo de Vida:

Lembre-se de que cada pessoa tem uma rotina diferente. Algumas técnicas podem ser mais fáceis de implementar em horários específicos do dia, enquanto outras podem ser feitas durante o trabalho, como pausas mentais.

Revise e Ajuste o Plano Regularmente:

Revise seu plano de controle da ansiedade a cada algumas semanas. As necessidades podem mudar ao longo do tempo, então é importante ajustar a rotina para refletir novos desafios e progressos. Essa abordagem experimental e flexível permitirá ao leitor desenvolver um plano que se adapte ao seu estilo de vida e necessidades, promovendo uma redução mais eficaz e sustentável da ansiedade.

www.ingramcontent.com/pod-product-compliance
Lightning Source LLC
Chambersburg PA
CBHW071252130726
47998CB00003B/1162